JN038978

詰めて、冷凍して、チンするだけ！

大人気！時短料理研究家
ろこさんの

3
STEP
冷凍
コンテナ
ごはん
おかわり

時短料理研究家
ろこ 著

徳間書店

はじめに

時短料理研究家のろこです。

私は家庭において料理が少しでも簡単で美味しく作れるよう、日々、時短料理の研究をしています。そのレシピやアイデアの源となっているのが私のもう一つの仕事、訪問調理です。共働きや子どもがたくさんいる家庭などさまざまな依頼者のお宅へ伺い調理をしますが、その時にみなさんから食にまつわる相談をよく受けます。

「留守番をしている家族の食事が心配」
「安売りの時に大量にまとめ買いをしても、食材が使い切れない」
〝そんなみなさまの悩みに、少しでも寄り添える料理を作ることができれば……″と考え、たどり着いたのが「冷凍コンテナごはん®」です。

コンテナに「詰めて」「冷凍して」「チンするだけ」の3STEPで料理が完成します。
「詰めるだけ」だから、必要最低限の調理器具でできる!
「冷凍する」ことにより、旨みも増し、食材を長期保存できる!
「レンチンするのは一度だけ」なので、混ぜたり追加熱する手間もなし!
「火を一切使わない」ので、失敗しにくいのも特長です。

平日は仕事に、家事にと時間に追われているのに、わざわざ休日に気合いを入れて、作り置きを作るのは本当に大変。そんな時は、夕食の支度ついでにコンテナひとつをまな板の横に置き、野菜や肉を少しだけ取り分けて「冷凍コンテナごはん®」を作ってください。

準備時間は数分程度、あとは冷凍庫に入れるだけ! 無理なくできるうえにフードロス解消にも! 市販の冷凍食品と違い、おうちの調味料で好みの味付けにできますし、アレルギー対応も作れると好評をいただいています。

2021年1月に『3STEP冷凍コンテナごはん』を一冊にまとめ、おかげさまで多くの方に作っていただきました。最近では、一人暮らしを始めたお子さんや、離れて暮らす高齢の親御さんにクール便（冷凍宅配便）で送る方もいらっしゃるとのこと、感謝の気持ちでいっぱいです。

本著『冷凍コンテナごはんおかわり』は、パスタや肉料理などの定番人気に加え、ひとり鍋、魚料理など新カテゴリーのレシピも数多く掲載しています。さらに「冷凍コンテナごはん」の活用の輪が広がり、一人でも多くの方のお役に立てることを願います。

2021年10月
ろこ

\ 最大1ヵ月冷凍保存OK! 火を使わない! /

冷凍コンテナ

1 詰めて

加熱なし!
麺も具材も調味料も
詰めるだけ

ひとつのコンテナに麺も具材も調味料もすべて投入。これだけで準備が完了するのが、冷凍コンテナごはんのすごいところ。鍋やフライパンを使ったり、準備段階での加熱も一切なし。家庭にある調味料や材料で手軽に、短時間で作れます。

2 冷凍して

冷凍中に
味が染み込む

できあがったコンテナごはんは、ふたをして冷凍庫へ。最大1ヵ月の保存が可能です。常温や冷蔵保存と異なり、冷凍なら傷んでしまうこともありません! 調味料と一緒に保存するから、冷凍中に味が素材に染み込み、旨みがアップします。

ごはんって？

3 レンチン

子どもでも簡単！
加熱は1回のみ

4 できあがり！

コンテナが
器代わり

お腹が減った時に好きなメニューを取り出して、電子レンジで加熱するだけ！ 簡単に家庭の味が食べられます。すべてのメニュー、加熱はたった1回。途中でほかの調味料や具材を足してもう一度加熱するといった面倒な工程もありません。

9

冷凍コンテナごはんって
こんなに便利! こんなにすごい!

火を使わないから安心! 失敗知らず

誰でも安全に作れる「冷凍コンテナごはん」。加熱は電子レンジで1回のみ、火は一切使いません。小学校高学年くらいの子どもからシニアの方までが安心して作れる簡単キットです。

冷凍中に味が染み込みワンランク上の味わいに

材料すべてコンテナに詰めて冷凍保存する「冷凍コンテナごはん」。調味料が食材をコーティングして冷凍焼けを防止できるうえ、食材の繊維が破壊されやすく、味が染み込みやすいというメリットも。冷凍中が漬け込み時間! 仕上がりはしっとり、いつもの味がランクアップします。

作り置きに便利! 冷凍保存最大1ヵ月

紹介しているメニューはすべて、2週間〜1カ月程度冷凍保存OK。食材が余った時に、時間がある週末に、特売デーに…! 調理時間がわずかだから一度にまとめて作って冷凍しておけば、いざという時に安心です。

油少なめだからヘルシー

すべて電子レンジで加熱調理するため、使う油の量は、ごくわずか。火を使うメニューと比べ、あっさりとしたやさしい味のレシピが多いのが特徴です。油ハネなど、やっかいな後始末が必要ないのもポイント!

麺料理もごはんものもコンテナひとつ

ひとつのメニューでお腹がいっぱいになるよう、本書で紹介しているレシピの約4割が麺料理やごはんものです。極限まで手間をカット! 途中で茹で汁を捨てたり、器を分けて加熱する必要もありません。

1コンテナ1食分だからとりわけ不要

塾に部活に、仕事にと家族それぞれがせわしなく行動している平日は、お腹が減る時間もバラバラです。1コンテナ=1食分であらかじめ作っておくと、各自好きなメニューを選んでできたてごはんが食べられます!

調理器具も洗いものも少なく、時短に!

調理用のボウルから、冷凍保存、レンジ加熱、食べる器まで、ひとつで4役を兼ねる優秀なコンテナ。調理器具も洗いモノも、いつもの料理と比べてずっと少なくなります。料理の手間をできるだけ省いた、究極の時短ごはんです。

11

本書の見方

★本書に記載のレシピはすべて1コンテナ1人分です。

★写真に掲載されている飾り用の野菜、レシピに掲載のお好みで加える材料について、レシピの分量は省略しています。

★調味料の分量は大さじ1＝15㎖、小さじ1＝5㎖で計算しています。

★調味料の分量は目安です。お好みに合わせて加減をお願いします。

★野菜の下ごしらえについて、説明を省略しています（洗う、皮をむく、ヘタを取る、石づきを取るなど）

★コンテナを冷凍する時は、中身が固まるまで水平な状態にて保存してください。

★スパゲッティは7分茹でのもの、ショートパスタはフジッリ12分茹でのものを使用しています。早ゆでパスタは加熱ムラの可能性があるため、ご使用はお控えください。

★「冷凍コンテナごはん」はジップロック®のコンテナーを使用してレシピ制作しています。

★本書ではフラット式の電子レンジを使用、600Wを基準にレシピ制作しています。

★電子レンジの加熱時間はあくまでも目安です。機種に応じ、微調整してください。

★電子レンジでの加熱後、やけどの恐れがあるため「冷凍コンテナごはん」を取り出す際は、厚手の布やミトンをご使用ください。

★「冷凍コンテナごはん」はろこの登録商標です。

PART 1

リクエストの多い
メニューが大集合

BEST OF BEST

本書で紹介する冷凍コンテナごはんの中から、
各カテゴリーを代表する人気メニューを集めました。
野菜たっぷりのヘルシー鍋やふっくらやさしい味わいの魚料理、
余りがちな食パンを使ったメニューも登場。準備はわずか数分と
ラクなのに、本格的な味わいの冷凍コンテナごはんをどうぞ!

BEST OF BEST
ひとり鍋

コンテナ容量	冷凍	加熱
700ml	**30**日 OK	**600W** **9**分

だしがたっぷりと染み込んだおでんも
ろこ流なら1人分から作れる！

おでん

材料

大根…1cm（40g）
ちくわ…1本（50g）
結び昆布（乾燥）…2個（2g）
はんぺん…½枚（50g）

Ⓐ
┌ 水…200ml
│ 和風だしの素（顆粒）、しょうゆ、
│   酒、みりん、砂糖…各小さじ1
└ 塩…少々

準備

1 ちくわは5cm長さ、はんぺんは三角に四等分に、大根は5mm幅の半月切りにしてコンテナに入れる

2 結び昆布は水に戻さず、乾燥したまま入れ、Ⓐを回しかける。ふたをして冷凍庫へ

食べる時は

ふたを斜めにのせて、電子レンジで9分加熱する

STEP 1 材料を詰める

材料が平らになるように詰める。準備段階での加熱は一切なし！

冷凍庫で
30日保存OK

STEP 2 冷凍する

ふたをして冷凍庫へ。冷凍漬け込み時間中に、味が染み込んで旨みがアップ！

つゆが
じゅわーっとあふれる
あったかおでん

STEP 3 レンジでチン！

食べたい時に冷凍庫から取り出して、電子レンジで加熱するだけ！

ふたを斜めに
してからレンジへ

コンテナ容量	冷凍	加熱
1100 ㎖	30日 OK	600W 12分

冷凍&レンチンでもっちり麺ができあがり
野菜の甘みが溶け込んだソースをたっぷり絡めて

たっぷり野菜の アマトリチャーナ

材料

スパゲッティ… 100g
ブロックベーコン… 50g
玉ねぎ… ¼個 (50g)
ブロッコリー… 20g
ホールコーン (缶詰)… 大さじ2
バター… 8〜10g

A
　水… 250㎖
　カットトマト缶、ケチャップ
　　…各大さじ2
　洋風スープの素 (顆粒)… 小さじ2
　粉チーズ、オリーブオイル
　　…各小さじ1
　にんにく (すりおろし)… 少々

準備

1 Ⓐをコンテナに入れ、混ぜ合わせる。スパゲッティを半分に折って「X」の形にして入れ、なじませる

2 玉ねぎは薄切りに、ブロッコリーは小房に分けて入れる

3 コーン、ブロックベーコンは5mm幅に切って入れる

4 バターをのせ、ふたをして冷凍庫へ

食べる時は

ふたを斜めにのせて、電子レンジで12分加熱する。すばやく麺を具材と絡める

STEP 1 材料を詰める

材料が平らになるように詰める。準備段階での加熱は一切なし！

パスタは「X」の形にして入れて

麺と調味料をよくなじませると、レンチン後に麺がくっつきにくくなる

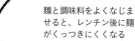

冷凍庫で30日保存OK

STEP 2 冷凍する

ふたをして冷凍庫へ。冷凍漬け込み時間中に、味が染み込んで旨みがアップ！

STEP 3 レンジでチン！

食べたい時に冷凍庫から取り出して、電子レンジで加熱するだけ！

トングを使うと麺がほぐれやすく！

ふたを斜めにしてからレンジへ

BEST OF BEST
肉

焼き肉のタレで簡単に!
甘口、辛口はお好みで

TVで
登場

コンテナ容量	冷凍	加熱 600W
700 ㎖	**30**日 OK	**10**分

冷凍前

レンチン10分なのに手間暇かけたように見える

ポークスペアリブ

材料

豚スペアリブ… 200g
長ねぎ… 20㎝(40g)
パプリカ(赤・黄)…各⅛個(20g)

A
```
焼き肉のタレ…大さじ2
はちみつ、酒…各小さじ1
ごま油…小さじ½
にんにく(すりおろし)…少々
```

準備

1 長ねぎは3㎝幅に、パプリカは小さめの乱切りにし、コンテナに入れる

2 豚スペアリブの骨の横と全体をフォークで刺し、**1**の上にのせる

3 **A**を回しかけ、ふたをして冷凍庫へ

食べる時は

ふたを斜めにのせて、電子レンジで10分加熱する

POINT!

フォークで数カ所刺し、穴を開けるとタレが染み込みやすく! 骨に沿って刺すと肉がほぐれやすく、食べやすい

冷凍前

蒸すように加熱するろこ流レシピならしっとりふっくら！

ブリの照り焼き

材料

ブリ（切り身）… 1切れ（70g）
小松菜… 2株（60g）
エリンギ… 1本（50g）
片栗粉…小さじ⅓

A
水、しょうゆ、酒、みりん
…各大さじ1
砂糖…小さじ1

準備

1 ブリに塩をふり（分量外）、5分ほど置き、水で洗い流したら水気を拭く

2 小松菜は3cm長さ、エリンギは縦に薄切りしてコンテナに入れる

3 ブリの切り身の表面を爪楊枝で数カ所刺し、片栗粉をまぶしてから入れる

4 Aを混ぜ合わせてから回しかけ、ふたをして冷凍庫へ

POINT!

レンジ加熱した時の爆発防止のため、爪楊枝で穴を開けて

食べる時は

ふたを斜めにのせて、電子レンジで8分加熱する

コンテナ容量
700ml

冷凍
30日 OK

加熱 600W
8分

BEST OF BEST
魚

ツヤッとした照りと香ばしさも電子レンジで！

冷凍前

中華蒸し麺がもっちり食感の決め手！

担々麺

材料

中華蒸し麺…1玉
豚ひき肉…70g
チンゲン菜…¼株（50g）

A
水…300mℓ
鶏がらスープの素（顆粒）、ごま油…各小さじ1
白すりごま…大さじ2
コチュジャン…小さじ2

B
オイスターソース、酒…各小さじ1
豆板醤（トウバンジャン）…小さじ½
しょうが（すりおろし）…少々

準備

1 **A**をコンテナに入れる
2 チンゲン菜を2cm長さに切って入れ、豚ひき肉は**B**と混ぜ合わせて全体に広げる
3 中華蒸し麺を上にのせ、ふたをして冷凍庫へ

食べる時は

ふたを斜めにのせて電子レンジで10分加熱後、混ぜる

コンテナ容量
1100
mℓ

冷凍
14日
OK

加熱
600W
10分

BEST OF BEST
麺

コクのある肉味噌と
ピリ辛スープが
食欲をそそる

生クリームなしでも
濃厚な仕上がりに！

TVで
登場

コンテナ容量
700
ml

冷凍
30日
OK

加熱
600W
8分

冷凍前

チーズリゾット

材料

冷やごはん … 150g

玉ねぎ … ⅛個（25g）

ハム … 2枚

ホールコーン（缶詰）… 大さじ1

マッシュルーム（パウチ）… 50g

Ⓐ 牛乳 … 100ml
　洋風スープの素（顆粒）… 小さじ1

バター … 8〜10g

クリームチーズ … 15g

準備

1 冷やごはんを平たくしてコンテナに入れ、Ⓐを回しかける

2 玉ねぎはみじん切り、ハムは1㎝角に切り、コーン、マッシュルームをのせる

3 最後にバターとクリームチーズをのせ、ふたをして冷凍庫へ

食べる時は

ふたを斜めにのせて電子レンジで8分加熱後、混ぜる

冷凍中に卵液が隅々まで染み込むから
レンチン後は笑顔がこぼれるふわとろ食感に!

フレンチトースト

コンテナ容量
700
mℓ

冷凍
30日
OK

加熱
600W
3分

材料

食パン(6枚切り)…1枚
バター 8〜10g
Ⓐ 卵(M)…1個
　牛乳…大さじ4
　砂糖…大さじ1

準備

1 食パンの表面全体をフォークで刺したら、コンテナに入れる

2 Ⓐを混ぜ合わせてから回しかけ、バターをのせる

食べる時は

ふたを斜めにのせて、電子レンジで3分加熱する

BEST OF BEST
パン&デザート

**TVで
登場**

STEP 1 材料を詰める

わずか数分で
準備完了

この段階では加熱は一切なし！

POINT!

食パンにフォークで穴を開けると、卵液が染み込みやすくなる。また、加熱時には蒸気の逃げ道となるため、ふんわりと仕上がる

冷凍庫で
30日保存OK

STEP 2 冷凍する

ふたをして冷凍庫へ。冷凍漬け込み中に卵液がしっかりと染み込む

お好みで
アイスクリームや
はちみつを添えて

STEP 3 レンジでチン！

食べたい時に冷凍庫から取り出して、電子レンジで加熱するだけ！

ふたを斜めに
してからレンジへ

本書で使うコンテナについて

作る料理に応じて3タイプを使い分け！

「冷凍コンテナごはん」のレシピでは3タイプのコンテナを使用しています。幼児食、シニアの方用は浅底タイプ、スパゲッティや汁あり中華蒸し麺用は深底タイプ、それ以外は中底タイプ。おうちにコンテナがある方は、似ている形や容量のものでまずはトライ。加熱時間もメニューに掲載している時間をもとに微調整してみて。

長方形の

浅底タイプ

内容量　480mℓ
117×156×53mm

▼

おすすめ料理

幼児食
シニアごはん

正方形の

中底タイプ

内容量　700mℓ
156×156×53mm

▼

おすすめ料理

ひとり鍋
肉のおかず
魚のおかず
ショートパスタ
汁なし中華麺
ごはんもの
パン＆スイーツ

正方形の

深底タイプ

内容量　1100mℓ
156×156×83mm

▼

おすすめ料理

スパゲッティ
汁あり中華麺

耐熱＆冷凍OKのプラスチック製を！

コンテナは耐熱性があり、冷凍保存もできるプラスチック製のものを選びましょう。容器だけでなくふたもレンジ加熱OKのものだと加熱時間の手間も減らせます。熱い箇所と冷たい箇所ができてしまう加熱ムラが少なくなる角型が、おすすめです。コンテナはドラッグストアや日用雑貨品を取り扱っているスーパーマーケット、WEBなどでお買い求めいただけます。

ドラッグストアや
ホームセンターで
買えるよ

電子レンジのワット数と加熱時間について

本書は600Wのフラット式電子レンジを使用してレシピ作りを行っています。普段500Wをお使いの場合は1.2倍、700Wの場合は0.85倍を基準に加熱を。また、電子レンジのメーカーや機種によりできあがりに差がありますので、右の表を基に微調整を行ってくださいね。

600W (本書使用)	500W	700W
30秒	40秒	30秒
40秒	50秒	30秒
1分	1分10秒	50秒
1分30秒	1分50秒	1分20秒
2分30秒	3分	2分10秒
3分	3分40秒	2分30秒
5分	6分	4分20秒
6分	7分10秒	5分10秒
7分	8分20秒	6分
8分	9分40秒	6分50秒
9分	10分50秒	7分40秒
10分	12分	8分30秒
12分	14分20秒	10分10秒

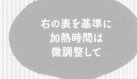

右の表を基準に
加熱時間は
微調整して

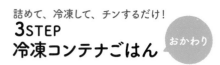

詰めて、冷凍して、チンするだけ！

3STEP
冷凍コンテナごはん おかわり

CONTENTS

PART 8
冷凍コンテナごはん
パン&スイーツ
.... **109**

\おいし〜/

「コンテナごはん」を 美味しく食べる**7**のルール

1 分量や切り方は できるだけ正確に

「冷凍コンテナごはん」を美味しく作るために最初は分量通りに作るのがおすすめです。特に麺類は要注意。乾麺のスパゲッティの代わりに生麺、中華蒸し麺の代わりにうどんを使うなどすると、できあがりに差が生まれてしまう場合があります。早茹で用パスタも均一に熱が通らないためおすすめできません。慣れてきたら徐々にオリジナリティをプラスして、アレンジを楽しんでくださいね。

徐々に オリジナリティを 加えて

2 均一に熱が伝わるよう 平らに敷き詰める

コンテナに ラップを敷き平らな 冷やごはんを 作っておくと便利

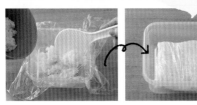

加熱ムラをできにくくするには、熱が均一に伝わるよう食材をなるべく平らな状態にすることが大切です。きれいな層になるように意識しながら、材料を敷き詰めるのがポイント。冷凍保存する時も固まるまでは冷凍庫の平らな場所に置きましょう。ごはんはあらかじめコンテナにラップを敷き、平らにした状態で包んで保存しておくと、使いたい時にサッと取り出せて、成形いらず!

3 誰が見てもわかるよう メニュー名や加熱時間をメモ

食べる時に、誰が見てもすぐわかるように、メニュー名、作成日、加熱時間をメモしておきましょう。巻末P120-123には加熱時間一覧表を用意したので、レンジの近くに貼っておくと便利です。

4 肉に脂身が多い時は ラップを敷いてから 食材を詰めて

ラップを
十字に敷いて

使用するコンテナが電子レンジOKかどうか確認をしてから、冷凍コンテナごはんを作りましょう。コンテナが変形、または溶けてしまうという万が一のトラブルを避けるため、肉の脂身が多い場合、または肉が直接コンテナの底に触れるように詰める場合は、ラップを十字に敷いてから食材を詰めるのがおすすめです。

5 加熱時、ふたは 斜めにのせる

蒸気が
逃げるように
ずらして

電子レンジで加熱する時は必ずふたを斜めにずらして、蒸気の逃げ道を確保。ぴったりとふたをしたまま加熱すると、破裂してしまう危険性があります。ふた代わりにラップを使用する時は、蒸気が逃げられるようにふわりとかけてあげましょう。また加熱後は、容器自体も熱くなっているため、火傷する可能性が。必ず厚手の布やミトンで運び、トレイや皿の上にのせて召し上がれ。

6 加熱後、調味料と具材を すぐになじませる

加熱後、庫内からコンテナを取り出したら、調味料が食材になじむように混ぜ合わせましょう。特に、麺類やごはんものは素早くスープやタレと絡めるのがポイント。温かいうちにいただきましょう。

パスタは
トングを使うと
便利

おいし〜

7 長時間、電子レンジを 使用する時は 時々お休みを

電子レンジを長時間使い続けると、庫内の温度が上がり、レシピ通りに仕上がらない場合があります。そんな時はふたを開けて、しばらくお休みを。庫内の熱を逃がしてから、再び、調理をスタートしてくださいね。

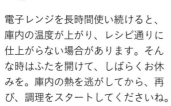

頑張りすぎると
疲れちゃう

PART 2

手間暇かけた深い
味わいが数分で!

ひ と り 鍋

肉、魚、野菜などの栄養をバランスよくとれて、
心も体もほっこりと温まる鍋。ひとりでも楽しめるよう
冷凍コンテナごはんの鍋メニューを開発しました。おでんだって
水炊きだって1食分! 家族それぞれが食べたい鍋をレンチンして
シェアする! そんな新しい鍋食スタイルもおすすめです。

コンテナ容量
700
ml

冷凍
30日
OK

加熱
600W
10分

料理の腕は関係なし！　冷凍＆レンチンで
肉や野菜の旨みたっぷり鍋が完成

つゆだくチーズタッカルビ

材料

鶏もも肉…70g
キャベツ…1枚（50g）
長ねぎ…20cm（40g）
シュレッドチーズ…大さじ5

Ⓐ
　水…200ml
　酒、コチュジャン…各大さじ1
　しょうゆ、鶏がらスープの素（顆粒）
　　…各小さじ2
　砂糖、豆板醤（トウバンジャン）
　　…各小さじ1
　にんにく（すりおろし）…少々

準備

1 長ねぎは斜め薄切りに、キャベツは3cm角に
切って、コンテナに入れる

2 鶏もも肉をひと口大に切って入れる

3 Ⓐを混ぜ合わせてから回しかけ、最後にシュ
レッドチーズを全体にのせ、ふたをして冷凍
庫へ

食べる時は

ふたを斜めにのせて、電子レンジで10分加熱
する

STEP 1 材料を詰める

材料を平たくなるように詰める。この段階では加熱は一切なし！

POINT!

加熱ムラがないよう、シュレッドチーズは全体に均一に敷き詰める

わずか数分で準備完了！

冷凍庫で30日保存OK

STEP 2 冷凍する

ふたをして冷凍庫へ。冷凍漬け込み時間中に、味が染み込んで旨みがアップ！

とろ〜りチーズと旨辛スープがあと引く美味しさ

STEP 3 レンジでチン！

食べたい時に冷凍庫から取り出して、電子レンジで加熱するだけ！

ふたを斜めにしてからレンジへ

下味冷凍効果で味がじんわりと染みた肉団子
口に入れるとほぐれるほどふわっと柔らか

ふわふわ鶏団子鍋

材料

鶏ひき肉… 100g
水菜… 1株(20g)
しめじ… 50g

Ⓐ
片栗粉、酒…各小さじ1
味噌…小さじ½
塩、しょうが(すりおろし)…各少々

Ⓑ
水… 200㎖
鶏がらスープの素(顆粒)…小さじ1

準備

1 しめじは小房に分け、水菜は3㎝長さに切り、コンテナに入れる

2 鶏ひき肉とⒶを混ぜ合わせ、丸く団子状にして入れる

3 Ⓑを回しかけ、ふたをして冷凍庫へ

食べる時は

ふたを斜めにのせて、電子レンジで9分加熱する

コンテナ容量
700㎖

冷凍
14日
OK

加熱
600W
9分

STEP 1 材料を詰める

材料が平らになるように詰める。準備段階での加熱は一切なし!

POINT!

肉の粘り気が出るまで混ぜ合わせる。味噌も入っているので酸化を防ぎ、下味冷凍中に旨みが熟成される

冷凍庫で
14日保存OK

STEP 2 冷凍する

ふたをして冷凍庫へ。冷凍漬け込み時間中に、味が染み込んで旨みがアップ!

しょうが入りで
体もポカポカに!

STEP 3 レンジでチン!

食べたい時に冷凍庫から取り出して、電子レンジで加熱するだけ!

ふたを斜めに
してからレンジへ

余りがちな野菜で
パパッと作れる

コンテナ容量
700
ml

冷凍
30日
OK

加熱
600W
10分

冷凍前

寒い季節の定番が10分で！　体が喜ぶやさしい味

水炊き

材料

鶏もも肉… 70g
えのきだけ… 30g
白菜… 1枚 (100g)
にんじん… 1/4本 (30g)
　水… 200ml
A　麺つゆ (3倍濃縮)… 大さじ1
　和風だしの素 (顆粒)、酒
　　…各小さじ1

準備

1 えのきだけは長さを半分に、白菜は3cm幅に切り、にんじんは5mm幅の輪切りにしてコンテナに入れる

2 鶏肉をひと口大に切って入れる

3 Ⓐを回しかけ、ふたをして冷凍庫へ

食べる時は

ふたを斜めにのせて、電子レンジで10分加熱する

38

冷凍前

ワインやビールにも！ パッと食卓が華やぐオシャレ鍋

イタリアン風トマト鍋

材料

むきエビ… 4尾（50g）

しめじ… 30g

白菜… 1枚（100g）

ブロッコリー… 20g

Ⓐ
水… 200ml
カットトマト（缶詰）… 大さじ3
洋風スープの素（顆粒）
　… 小さじ1
にんにく（すりおろし）、塩
　… 各少々

準備

1 しめじとブロッコリーは小房に分け、白菜は3cm長さに切りコンテナに入れる

2 むきエビは塩と片栗粉を少々まぶして水で洗い、水気を拭いてから入れる

3 Ⓐを回しかけ、ふたをして冷凍庫へ

食べる時は

ふたを斜めにのせて、電子レンジで9分加熱する

コンテナ容量 **700** ml

冷凍 **30**日 OK

加熱 600W **9**分

エビとにんにくの香りがふわり

スープが余ったら
ごはんを入れて

コンテナ容量
700mℓ

冷凍
30日
OK

加熱
600W
9分

冷凍前

魚の旨みが油揚げとねぎにじゅわー

白身魚の中華風鍋

材料

タラ… 1切れ
油揚げ… ½枚
長ねぎ… 20㎝（40g）
ニラ… 2本（20g）
Ⓐ
　水… 200mℓ
　酒… 大さじ1
　しょうゆ… 小さじ2
　オイスターソース、ごま油
　　…各小さじ1
　塩こしょう… 少々

準備

1 タラに塩を少々ふり（分量外）5分ほど置き、水で洗い流したら水気を拭く

2 油揚げは1㎝幅に切り、長ねぎは5㎜の斜め切り、ニラは3㎝長さに切りコンテナに入れ、1番上に1のタラをのせる

3 Ⓐを回しかけ、ふたをして冷凍庫へ

食べる時は

ふたを斜めにのせて、電子レンジで9分加熱する

40

麺の別茹で＆
湯切りも必要なし！

パスタ

麺も調味料も具材もコンテナに入れるだけ！
麺を別茹で＆湯切りする手間も必要ないと大好評のパスタメニュー。
カレーチャウダーなどスパゲティの新メニューに加え
今回ショートパスタが仲間入り！　具材やソースも絡まりやすく
フォークで刺しやすいと子どもにも人気です。

使用するパスタについて
●スパゲッティは7分茹でを使用しています。それ以外を使用する場合は、袋に記載の分数
プラス5分を目安に調整してください。
●ショートパスタははらせん状の形をしたフジッリ（12分茹でタイプ）を使用しています。他
のショートパスタを使用する場合は、袋に記載の分数を目安に調整してください。
●加熱ムラができてしまうため、早茹でタイプは使用しないでください。

生クリーム不使用用なのにクリーミーでコクがある
レモンの爽やかな香りと一緒にどうぞ

鶏のレモンクリームパスタ

材料

スパゲッティ…100g
鶏むね肉…70g
玉ねぎ…⅛個(25g)
レモン…1枚(薄い輪切り)

A
水…200㎖
牛乳…50㎖
小麦粉、レモン汁…各大さじ2
オリーブオイル、
洋風スープの素(顆粒)
…各小さじ1
塩こしょう…少々

準備

1 **A**をコンテナに入れ、小麦粉がダマにならないようしっかりと混ぜ合わせる

2 スパゲッティを半分に折って「X」の形にしてコンテナに入れ、**1**となじませる

3 玉ねぎは薄切りに、鶏肉は1㎝幅のそぎ切りにして入れる。最後にレモンをのせて、ふたをして冷凍庫へ

食べる時は

ふたを斜めにのせて、電子レンジで12分加熱。すばやく麺を具材と絡める

コンテナ容量
1100㎖

冷凍
30日
OK

加熱
600W
12分

STEP 1 材料を詰める

材料が平らになるように詰める。準備段階での加熱は一切なし！

POINT!

パスタは「X」の形にして入れて

麺と調味料をよくなじませると、レンチン後に麺がくっつきにくくなる

冷凍庫で
30日保存OK

STEP 2 冷凍する

ふたをして冷凍庫へ。冷凍することで麺はもっちり、味が染み込んで旨みがアップ！

STEP 3 レンジでチン！

食べたい時に冷凍庫から取り出して、電子レンジで加熱するだけ！

トングを使うと
麺がほぐれやすく！

ふたを
斜めにしてから
電子レンジへ

コンテナ容量
700
mℓ

冷凍
30日
OK

加熱
600W
12分

オイルで麺をコーティングして冷凍&加熱するから
麺同士がくっつきにくく、お弁当にも大活躍！

野菜畑のショートパスタ

材料

ショートパスタ
　（フジッリ12分茹でのもの）… 80g
ベーコン… 2枚
パプリカ（赤）… ⅛個（20g）
ブロッコリー… 20g
ホールコーン（缶詰）… 大さじ2
マッシュルーム（パウチ）… 50g

A
　水… 200mℓ
　洋風だしの素（顆粒）… 小さじ2
　オリーブオイル… 小さじ1
　塩こしょう、にんにく（すりおろし）
　　… 各少々

準備

1 Aをコンテナに入れ、混ぜ合わせる
2 ショートパスタを入れて、1となじませる
3 パプリカは薄切り、ブロッコリーは小房に
わけ、コーンとマッシュルームは水気を切
って入れる
4 ベーコンは1cm幅に切ってのせ、ふたをし
て冷凍庫へ

食べる時は

ふたを斜めにのせて電子レンジで12分加熱
後、混ぜる

STEP 1 材料を詰める

材料が平らになるように詰める。準備段階での加熱は一切なし！

POINT!

麺と調味料をよくなじませて

冷凍庫で30日保存OK

STEP 2 冷凍する

ふたをして冷凍庫へ。冷凍することで麺はもっちり、味が染み込んで旨みがアップ！

トングを使うと麺がほぐれやすく！

STEP 3 レンジでチン！

食べたい時に冷凍庫から取り出して、電子レンジで加熱するだけ！

ふたを斜めにしてから電子レンジへ

冷凍すると
パスタが
もっちもちに!

コンテナ容量	冷凍	加熱
700㎖	**30**日 OK	600W **12**分

冷凍前 タコの旨みが他の食材を包み込み、味わい深く

タコのガリシア風ショートパスタ

材料

ショートパスタ
　（フジッリ12分茹で）… 80g
茹でダコ… 70g
パプリカ（赤・黄）
　…各⅛個（各20g）
ピーマン… ½個（20g）
　水… 200㎖
　洋風だしの素（顆粒）…小さじ2
Ⓐ オリーブオイル…小さじ1
　塩こしょう、にんにく
　　（すりおろし）…各少々

準備

1 Ⓐをコンテナに入れ、混ぜ合わせる
2 ショートパスタを入れて、なじませる
3 パプリカ、ピーマンを1㎝角に切って入れる
4 タコは1㎝長さに切って入れ、ふたをして冷凍庫へ

食べる時は

ふたを斜めにのせて電子レンジで12分加熱後、混ぜる

冷凍前

発酵のチカラで料理の味がランクアップ

イカの塩辛の
クリームチーズパスタ

材料

スパゲッティ… 100g
イカの塩辛… 60g
玉ねぎ… ¼個（50g）
クリームチーズ… 30g

Ⓐ
水… 250㎖
オリーブオイル、洋風スープの
　素（顆粒）…各小さじ1
塩こしょう、にんにく
　（すりおろし）…各少々

準備

1 Ⓐをコンテナに入れ、混ぜ合わせる

2 スパゲッティを半分に折って「X」の形にして
入れ、なじませる

3 薄切りにした玉ねぎ、イカの塩辛を入れる。ク
リームチーズをのせ、ふたをして冷凍庫へ

食べる時は

ふたを斜めにのせて、電子レンジで12分加熱する。
すばやく麺を具材と絡める

コンテナ容量
1100
㎖

冷凍
30日
OK

加熱
600W
12分

お酒のお供に
ぴったり

缶汁ごと使うからあさりの旨みたっぷり

カレーチャウダーパスタ

材料

スパゲッティ… 100g

あさり（水煮缶）… 1缶（130g）

玉ねぎ… 1/8個（25g）

Ⓐ
- 水… 200㎖
- 牛乳… 50㎖
- カレー粉… 大さじ1
- オリーブオイル、洋風スープの
  素（顆粒）… 各小さじ1
- 塩こしょう… 少々

シュレッドチーズ… 大さじ2

準備

1 Ⓐをコンテナに入れ、混ぜ合わせる

2 スパゲッティを半分に折って「X」の形にして入れ、なじませる

3 玉ねぎは薄切りに、あさりを缶汁ごと入れる

4 シュレッドチーズをのせ、ふたをして冷凍庫へ

食べる時は

ふたを斜めにのせて、電子レンジで12分加熱する。
すばやく麺を具材と絡める

コンテナ容量 **1100㎖**　冷凍 **30日** OK　加熱 600W **12分**

チーズでとろみをつけた
子どもが大好きな味

トマトの酸味が
爽やか

コンテナ容量	冷凍	加熱
700 ㎖	**30**日 OK	600W **12**分

冷凍前

鶏ささみは片栗粉をまぶしてふっくらと!

鶏ささみの
あっさりショートパスタ

材料

ショートパスタ
　（フジッリ12分茹でのもの）… 80g
鶏ささみ… 2本（120g）
いんげん… 3本（20g）
ミニトマト… 2個
片栗粉… 小さじ1

A
　水… 200㎖
　レモン汁、鶏がらスープの素（顆粒）
　　… 各小さじ2
　オリーブオイル… 小さじ1
　塩こしょう、にんにく（すりおろし）、
　　しょうが（すりおろし）… 各少々

準備

1 **A**をコンテナに入れ、混ぜ合わせる
2 ショートパスタを入れて、なじませる
3 いんげんは2㎝長さ、ミニトマトは半
　分に切って入れる
4 鶏ささみを1㎝幅のそぎ切りにする。
　片栗粉をまぶしてからのせ、ふたをし
　て冷凍庫へ

食べる時は

ふたを斜めにのせて電子レンジで12分
加熱後、混ぜる

にんにくの香りが
食欲を刺激

コンテナ容量	冷凍	加熱
1100㎖	**30**日 OK	600W **12**分

冷凍前　冷蔵庫にある葉物や肉を使ってアレンジ自在！

ハムとほうれん草の
オイルパスタ

材料

スパゲッティ… 100g

ハム… 3枚(30g)

ほうれん草… 2株(60g)

Ⓐ
　水… 250㎖
　洋風スープの素(顆粒)… 小さじ2
　オリーブオイル、しょうゆ… 各小さじ1
　塩こしょう、にんにく(すりおろし)
　　…各少々

バター… 8〜10g

準備

1 Ⓐをコンテナに入れ、混ぜ合わせる

2 スパゲッティを半分に折って「X」の形にして入れ、なじませる

3 ハムは1㎝幅に、ほうれん草は3㎝長さに切って入れ、ふたをして冷凍庫へ

食べる時は

ふたを斜めにのせて、電子レンジで12分加熱する。すばやく麺を具材と絡める

まろやか味噌バターソースがクセになる

ホタテときのこの和風味噌パスタ

材料

スパゲッティ… 100g
ホタテ貝柱… 4個（80g）
長ねぎ… 10cm（20g）
しめじ… 30g

A
水… 250mℓ
味噌… 小さじ2
ごま油… 小さじ1
しょうゆ… 小さじ½
にんにく（すりおろし）… 少々

バター… 8〜10g

準備

1 Aをコンテナに入れ、味噌がダマにならないようしっかりと混ぜ合わせる

2 スパゲッティを半分に折って「X」の形にして入れ、なじませる

3 長ねぎは斜め薄切り、しめじは小房に分けて入れ、ホタテをのせる

4 バターをのせ、ふたをして冷凍庫へ

食べる時は

ふたを斜めにのせて電子レンジで12分加熱する。すばやく麺を具材と絡める

コンテナ容量
1100
mℓ

冷凍
30日
OK

加熱
600W
12分

ホタテ貝柱は刺身用がおすすめなければ缶詰でも！

離れて暮らす家族へ
冷凍コンテナごはんを送ろう

単身赴任や一人暮らしの子どもに冷凍コンテナごはんを送る人が増加中！
クール便なら、冷凍コンテナごはんを段ボールに詰めて送るだけ。
受け取った相手が普段料理をしない人でも、電子レンジ加熱1回だから
失敗知らずです。しみじみと美味しいおうちの味を大切な人へ届けませんか？

オイスターソースが
味の決め手

コンテナ容量
700
mℓ

冷凍
30日
OK

加熱
600W
9分

冷凍前

煮絡めたような香ばしい甘辛ダレがたまらない
野菜もとれる焼き鳥セット

材料

鶏もも肉… 150g
長ねぎ… 10㎝（20g）
しいたけ… 1個（20g）
ピーマン… 1個（40g）
Ⓐ
┌ 水…大さじ1
│ しょうゆ、みりん、砂糖…各小さじ1
└ 酒、オイスターソース…各小さじ½

準備

1 長ねぎは2㎝長さ、しいたけは4等分、ピーマンは縦に8等分に切ってコンテナに入れる

2 鶏肉はひと口大に切って入れ、Ⓐを回しかける。ふたをして冷凍庫へ

食べる時は

ふたを斜めにのせて、電子レンジで9分加熱する

53

ジューシーな豚肉の中からとろ〜りチーズが！

豚肉のチーズ巻き

材料

豚バラ薄切り肉… 150g
キャンディーチーズ… 8個
ほうれん草… 1株(30g)
かぼちゃ… 50g
小麦粉… 大さじ1

Ⓐ しょうゆ、酒、みりん
　…各小さじ2
　はちみつ…小さじ1

準備

1 ほうれん草は3㎝長さに切り、かぼちゃは薄切りにしてコンテナに入れる

2 キャンディチーズを豚バラ肉で包み、小麦粉をまぶして入れる

3 Ⓐを回しかけ、ふたをして冷凍庫へ

食べる時は

ふたを斜めにのせて、電子レンジで8分加熱する

POINT!

豚肉の端にチーズを置き、転がすようにして包む

栄養価が高い
緑黄色野菜を添えて

コンテナ容量
700
㎖

冷凍
30日
OK

加熱
600W
8分

レンジ加熱なら
野菜もシャキシャキ！

コンテナ容量
700
mℓ

冷凍
30日
OK

加熱
600W
7分

冷凍前

レトルトでは味わえないしみじみと深い味わい

鮭の味噌焼き

材料

鮭（切り身）… 1切れ（100g）
キャベツ… 1枚（50g）
もやし… 30g

Ⓐ
酒… 大さじ1
味噌… 小さじ2
砂糖… 小さじ1

準備

1 鮭に塩（分量外）を少々ふって5分ほど置き、水で洗い流したら水気を拭く

2 もやしと3cm角に切ったキャベツをコンテナに入れる

3 鮭を2の上にのせ、味噌がダマにならないようにⒶを混ぜ合わせてから回しかける。ふたをして冷凍庫へ

食べる時は

ふたを斜めにのせて、電子レンジで7分加熱する

一人暮らしの子どもへ
家庭の味セット

ごはんがすすむ
甘辛こってり味

コンテナ容量	冷凍	加熱
700㎖	**30**日 OK	600W **8**分

冷凍前

豚肉に片栗粉をまぶすとふっくら仕上がる！
豚の照り焼き丼

材料

冷やごはん… 150g
豚こま切れ肉… 70g
しめじ… 30g
青ねぎ… 2本（20g）
片栗粉… 小さじ½
Ⓐ 水、しょうゆ、酒、みりん
　　…各小さじ2
　　砂糖…小さじ½
　　しょうが（すりおろし）… 少々

準備

1 冷やごはんを平たくしてコンテナに入れる
2 しめじを小房に分けて入れ、豚肉に片栗粉をまぶしてのせる
3 Ⓐを回し入れ、小口切りにした青ねぎをかける。ふたをして冷凍庫へ

食べる時は

ふたを斜めにのせて電子レンジで8分加熱後、混ぜる

家にある調味料だけで作るのに味は本格派

焼きちゃんぽん

材料

中華蒸し麺… 1玉
むきエビ… 4尾 (50g)
かまぼこ… 20g
キャベツ… 1枚 (50g)
もやし… 50g

A
```
水、酒、オイスターソース、
　牛乳…各小さじ2
鶏がらスープの素 (顆粒)、
　ごま油…各小さじ1
```

準備

1 むきエビは 塩と片栗粉 (分量外) を少々まぶして水で洗い、水気を拭く

2 中華蒸し麺をコンテナに入れて、Aを回し入れる

3 もやし、3cm角に切ったキャベツ、薄切りにしたかまぼこ、むきエビの順にのせる。ふたをして冷凍庫へ

食べる時は

ふたを斜めにのせて、電子レンジで6分加熱する。すばやく麺を具材と絡める

**コンテナひとつで
お腹いっぱい
具だくさん麺**

コンテナ容量
700
mℓ

冷凍
30日
OK

加熱
600W
6分

調味料をまぶして冷凍保存するとささみもふっくら

鶏と野菜のピリ辛炒め

材料

鶏ささみ… 150g
もやし… 50g
舞茸… 30g
ニラ… 2本 (20g)

Ⓐ
みりん…大さじ1
しょうゆ、コチュジャン、
ごま油、片栗粉…各小さじ1
オイスターソース、中濃ソース
…各小さじ½

準備

1 もやしをコンテナに入れる

2 舞茸を小房に分け、ニラを2cm長さに切って入れる

3 鶏ささみをそぎ切りにし、Ⓐをもみ込んで、タレも一緒にのせる。ふたをして冷凍庫へ

食べる時は

ふたを斜めにのせて電子レンジで8分加熱後、混ぜる

コンテナ容量 **700** ㎖

冷凍 **30**日 OK

加熱 600W **8**分

たっぷりのニラと
ピリ辛ダレが
食欲を刺激

まろやかでクリーミー!
あつあつを頬張って

コンテナ容量	冷凍	加熱
1100mℓ	**30**日 OK	600W **9**分

冷凍前

ソースを作る手間をカット！ 進化系レシピ

マカロニグラタン

材料

マカロニ (9分茹でのもの)… 50g

ソーセージ… 3本 (50g)

玉ねぎ… 1/8個 (25g)

にんじん… 1/4本 (30g)

Ⓐ
- 水… 100 mℓ
- 牛乳… 50 mℓ
- 小麦粉… 大さじ2
- 洋風スープの素 (顆粒)、
  オリーブオイル… 各小さじ1
- 塩こしょう… 少々

シュレッドチーズ… 大さじ3

バター… 8〜10g

準備

1 Ⓐをコンテナに入れ、小麦粉がダマにならないように混ぜ合わせる。マカロニを入れてなじませる

2 玉ねぎを薄切りに、にんじんをいちょう切りに、ソーセージを5mmの斜め切りにする

3 玉ねぎ、にんじん、ソーセージの順に入れ、シュレッドチーズをかける

4 バターを上にのせる。ふたをして冷凍庫へ

食べる時は

ふたを斜めにのせて電子レンジで9分加熱後、混ぜる

冷凍コンテナごはんの送り方

\ 離れて暮らしている家族へ /

クール便を送る時に気をつけたい注意点とポイントをご紹介！ 冷凍コンテナごはんができたら、離れて暮らす家族にほっと安らぐ家庭の味を届けましょう。

1 12時間以上冷凍庫で予冷をする

－15℃ 12時間

冷凍コンテナごはんを送る時は、あらかじめ予冷が必要です。予冷の目安は－15℃以下で12時間以上が理想。クール便は温度を保ちながら荷物を運ぶサービスで、冷却機能は備わっていません。そのため、予冷なしで荷物を預けると、輸送車両内の保冷温度が上がり、他の方の荷物に影響を与えてしまう恐れがあります。

2 段ボールを用意

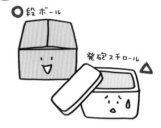

○ 段ボール
発泡スチロール △

予冷後、コンテナをビニール袋などで包んでから梱包箱へ。外からの冷気を通す段ボールがおすすめですが、外からの冷気を通さない発泡スチロールを使用する場合は、中に保冷剤を入れてから冷凍コンテナごはんを詰めましょう。運送業者によって、梱包サイズに規定が設けられていますので、あらかじめ確認が必要です。

3 緩衝材をコンテナの間に詰める

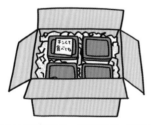

コンテナはプラスチック製のため、冷凍すると輸送中の衝撃で割れてしまうことがあります。衝撃を和らげるためにも新聞紙やエアパッキンなどの緩衝材を、コンテナの間に詰めましょう。他の荷物とぶつかった時に段ボール自体が凹んでしまわないよう、隙間なく詰めることも大切です。

4 宅配便の営業所へ直接持ち込む

クール便はコンビニからの発送はできません。クール便を取り扱う宅配便の営業所に直接持ち込むか、集荷依頼をしましょう。また、クール便は温度管理が必要なため、受け取り時に宅配ボックスやコンビニが利用できません。配送予定日時を前もってお知らせして、大切な荷物を確実に受け取ってもらいましょう。

PART 4

ふっくらジューシー！
メインのおかずに

肉のおかず

家計にやさしい食材を使った、メインになる肉おかずをご紹介。
調味料や片栗粉などで肉をコーティングする"ろこ流レシピ"なら、
冷凍焼けの心配もありません。コンテナの中で蒸すように
加熱するから、仕上がりはふっくら！
油をほとんど使わずヘルシーなのも人気のヒミツです。

コンテナ容量	冷凍	加熱600W
700㎖	**30**日 OK	**8**分

厚切り肉ではなく豚こまを団子状に
熱が通りやすくふわっと食感がたまらない

豚こまで作るジューシー酢豚

材料

豚こま切れ肉…100g
ピーマン…1個(40g)
パプリカ(赤・黄)…各⅛個(各20g)
片栗粉…小さじ1

Ⓐ ┌ ケチャップ、酒、水…各大さじ1
　 │ しょうゆ、みりん、砂糖、酢
　 └ 　…各小さじ1

準備

1 ピーマン、パプリカを小さめの乱切りにして
　コンテナに入れる
2 豚肉は片栗粉をまぶし、手で丸めて**1**の上に
　置く
3 Ⓐを回しかけ、ふたをして冷凍庫へ

食べる時は

ふたを斜めにのせて、電子レンジで8分加熱す
る

STEP 1 材料を詰める

材料が平らになるように詰める。
準備段階での加熱は一切なし!

POINT!

豚こまを手でギュッと握って丸め、
ビー玉より少し大きい程度に

冷凍庫で
30日保存OK

STEP 2 冷凍する

ふたをして冷凍庫へ。冷凍することで、味が
染み込んで旨みがアップ!

とろみのあるソースと
なじませて

STEP 3 レンジでチン!

食べたい時に冷凍庫から取り出し
て、電子レンジで加熱するだけ!

ふたを斜めに
してからレンジへ

玉ねぎのみじん切りも加熱なしで準備終了
レンジ調理だから煮崩れの心配もなし!

ロールレタス

コンテナ容量
700ml

冷凍
30日
OK

加熱
600W
8分

材料

合いびき肉…100g
玉ねぎ…⅛個(25g)
レタス…2枚
塩こしょう…少々
A｛ 水…100㎖
　 洋風スープの素(顆粒)
　　…小さじ1

準備

1 ボウルに合いびき肉、みじん切りにした玉ね
　 ぎ、塩こしょうを入れて練るように混ぜる。
　 2つに分け、それぞれ楕円形に成型する

2 1をレタスで包み、コンテナに入れる

3 Aを回しかけ、ふたをして冷凍庫へ

食べる時は

ふたを斜めにのせて、電子レンジで8分加熱す
る

TVで
登場!

STEP 1 材料を詰める

材料が平らになるように詰める。準備段階での加熱は一切なし！

POINT!

レタスなら下茹でする手間も必要なし！

レタスの葉の芯の部分に肉だねを入れ、葉の両側を中心に向かって折りたたむ

葉の先端に向かって巻いていき、巻き終わりを下にする

STEP 2 冷凍する

冷凍することで、味が染み込んで旨みがアップ！

冷凍庫で14日保存OK

STEP 3 レンジでチン！

食べたい時に冷凍庫から取り出して、電子レンジで加熱するだけ！

肉汁があふれる

ふたを斜めにしてからレンジへ

お弁当にも
おすすめ

TVで
登場!

コンテナ容量	冷凍	加熱
700mℓ	**30**日 OK	600W **6**分

冷凍前

チーズ風味の卵の衣が豚肉を包んでふんわりと

ポークピカタ

材料

豚ロース肉（しょうが焼き用）
　…3枚（100g）
玉ねぎ…¼個（50g）

Ⓐ
卵…1個
小麦粉、オリーブオイル
　…各大さじ1
粉チーズ…小さじ1
塩こしょう…少々

準備

1 玉ねぎは薄切りにして、コンテナに入れる

2 豚肉は5cm幅に切り、混ぜ合わせたⒶを絡ませてから1の上にのせる

3 ふたをして冷凍庫へ

食べる時は

ふたを斜めにのせて、電子レンジで6分加熱する。お好みでケチャップを添える

POINT!

小麦粉がダマにならないよう卵液をしっかりと混ぜ合わせ、豚肉にたっぷりつけると仕上がりが柔らかに

66

冷凍前

リピート多数！　驚くほどふっくらでやさしい味！

ミートボール

材料

玉ねぎ…⅛個（25g）

A
- 合いびき肉…150g
- 片栗粉、酒…各小さじ1
- 塩こしょう…少々

B
- ケチャップ…大さじ3
- しょうゆ…大さじ2
- 酒、砂糖、酢…各大さじ1

準備

1 コンテナにラップを十字に敷く。玉ねぎはみじん切りにする

2 **A**と玉ねぎをよく混ぜて肉に粘り気が出てきたら、小さく丸めて肉同士がくっつかないように並べる

3 **B**を混ぜ合わせてから回しかける。ふたをして冷凍庫へ

POINT!

ラップを十字に敷いて、肉から出た脂による劣化を防止

食べる時は

ふたを斜めにのせて電子レンジで7分加熱後、混ぜる

コンテナ容量
700
㎖

冷凍
14日
OK

加熱
600W
7分

ほどよい酸味が
あとを引く

片栗粉と食材の
水分が合わさり
とろみあんに

TVで
登場!

コンテナ容量	冷凍	加熱
700 ㎖	**30**日 OK	600W **7**分

冷凍前

梅の酸味とはちみつのまろやかな甘さがベストマッチ

豚肉の梅中華ソース

材料

豚こま切れ肉… 100g
もやし… 50g
アスパラガス… 3本 (60g)
片栗粉… 小さじ1
梅干し… 1個

Ⓐ
┌ 酒… 小さじ2
│ オイスターソース、ごま油、
│　はちみつ… 各小さじ1
└ にんにく (すりおろし)… 少々

準備

1 斜め薄切りにしたアスパラガス、もやしをコンテ
ナに入れる

2 豚肉は片栗粉をまぶす。梅干しは種を取り包丁で
たたいてから、**1**の上に置く

3 Ⓐを回しかけ、ふたをして冷凍庫へ

食べる時は

ふたを斜めにのせて電子レンジで7分加熱後、混ぜる

野菜の水分で蒸すように加熱するから鶏肉がふっくら

BBQチキン

材料

鶏もも肉…150g
玉ねぎ…⅛個(25g)
にんじん…¼本(30g)
しめじ…30g

Ⓐ
- ケチャップ…大さじ3
- 酒…大さじ2
- はちみつ、ウスターソース
  …各大さじ1
- にんにく(すりおろし)、
  しょうが(すりおろし)…各少々

準備

1 玉ねぎを薄切りに、にんじんは半月切りに、しめじは小房に分けて、それぞれコンテナに入れる
2 鶏肉をひと口大に切ってのせる
3 Ⓐを回しかけ、ふたをして冷凍庫へ

食べる時は

ふたを斜めにのせて電子レンジで9分加熱後、混ぜる

鉄板の
甘辛ケチャップ味

TVで
登場!

コンテナ容量
700ml

冷凍
30日
OK

加熱
600W
9分

調味料も少ないので
簡単！

TVで
登場！

コンテナ容量
700
ml

冷凍
30日
OK

加熱
600W
8分

冷凍前

ポン酢は加熱されるとマイルドな酸味に！

鶏のポン酢煮

材料

鶏もも肉…150g
長ねぎ…20cm（40g）
小松菜…1株（40g）
片栗粉…小さじ1

Ⓐ
　ポン酢しょうゆ、水
　…各大さじ4
　しょうが（すりおろし）…少々

準備

1 長ねぎと小松菜はそれぞれ3cm長さに切り、コンテナに入れる

2 鶏肉をひと口大に切り、さらに真ん中から刃を入れて開き、厚さを半分にする。片栗粉をまぶして**1**の上にのせる

3 Ⓐを回しかけ、ふたをして冷凍庫へ

POINT!

厚さを均一に、薄くすると、火が通りやすくなる

食べる時は

ふたを斜めにのせて電子レンジで8分加熱後、混ぜる

ノンオイルだからヘルシーでやさしい甘酸っぱさ!

鶏の南蛮だれ

材料

鶏もも肉… 150g
玉ねぎ… ¼個 (50g)
ピーマン… 1個 (40g)
パプリカ (赤)… ¼個 (40g)
片栗粉… 小さじ1

Ⓐ
```
麺つゆ (3倍濃縮)、酒、砂糖
  …各大さじ1
しょうゆ、酢…各大さじ½
```

準備

1 玉ねぎを薄切りに、パプリカとピーマンは小さめの乱切りにして、コンテナに入れる

2 鶏肉をひと口大に切って、片栗粉をまぶして**1**の上にのせる

3 Ⓐを回しかけ、ふたをして冷凍庫へ

食べる時は

ふたを斜めにのせて電子レンジで9分加熱後、混ぜる

コンテナ容量
700
ml

冷凍
30日
OK

加熱
600W
9分

冷めても美味しいから
お弁当にも!

TVで
登場!

71

一番上に肉を置いて加熱するから、旨みが野菜にも行きわたる

牛肉とレンコンの照りだれ蒸し

材料

牛切り落とし肉… 100g

レンコン… 50g

舞茸… 30g

Ⓐ
- しょうゆ、酒、砂糖
  …各大さじ1
- みりん…小さじ2
- にんにく（すりおろし）、
  しょうが（すりおろし）…各少々

準備

1 レンコンは薄いいちょう切りにして水にさらしてアク抜きする

2 小房に分けた舞茸、水気を切ったレンコンをコンテナに入れ、最後に牛肉をのせる

3 Ⓐを回しかけ、ふたをして冷凍庫へ

食べる時は

ふたを斜めにのせて電子レンジで7分加熱後、混ぜる

にんにくとしょうがで
奥行きある味わいに

コンテナ容量
700
ml

冷凍
30日
OK

加熱
600W
7分

こってり&香ばしい
子どもも大満足！

コンテナ容量	冷凍	加熱
700ml	**30**日OK	600W **7**分

冷凍前　はちみつのまろやかな甘さと味噌がベストマッチ

牛肉とアスパラの味噌炒め

材料

牛切り落とし肉… 100g
アスパラガス… 3本（60g）
しめじ… 50g

A ┌ 味噌、みりん、はちみつ
　　　…各小さじ2
　　└ しょうゆ… 小さじ1

準備

1 アスパラガスは斜め薄切りに、しめじは小房に分けてコンテナに入れる
2 牛肉を**1**の上にのせる
3 **A**を混ぜ合わせてから回しかけ、ふたをして冷凍庫へ

食べる時は

ふたを斜めにのせて電子レンジで7分加熱後、混ぜる

POINT!

味噌がダマにならないよう、よく溶かして

コンテナごはん Q&A

Q 冷蔵庫で保存できる?

 麺もの以外なら2〜3日OK

パスタ、中華麺、うどんは、保存中に麺が水分を吸ってしまい、加熱ムラができやすくなるため、冷蔵庫保存はおすすめしません。ただ、麺以外のメニューなら冷蔵庫で2〜3日は保存OK。電子レンジの加熱時間はマイナス1分を基準に微調整をしてみてください。また、一旦加熱したものの再加熱は、肉がかたくなったり、味が濃くなることがあるため、避けましょう。

**冷蔵の場合は
マイナス1分を目安に
調整を**

Q 1つのコンテナに 2倍量入れても大丈夫?

 **2倍量作りたい時は、
コンテナを2つ用意して**

「冷凍コンテナごはん」はコンテナの大きさ選びから材料の分量にいたるまで、1食分を想定して開発したものです。1コンテナ1食分なら、加熱後ほかの器に盛りつける手間もなく、コンテナのまま食べられるというメリットも! 2倍量作りたい時は、コンテナを2つご用意ください。

Q ターンテーブルタイプの 電子レンジでも作れる？

A もちろん！ コンテナを置く 位置だけ注意して

本書のメニューは、フラットタイプの電子レンジを使用して制作されたものですが、もちろん、ターンテーブルの電子レンジでも作ることができます。その際、コンテナを置く位置だけは注意を。フラットタイプは電子レンジの中央に、ターンテーブルタイプはお皿の端にコンテナを置くと、均一に加熱されます。

フラットタイプの場合
真ん中に置く

ターンテーブルタイプの場合
お皿の端に置く

Q きちんと加熱されているか心配

A 肉の色で判断して

準備段階で一切加熱をしない、簡単「冷凍コンテナごはん」。中まで熱が通っているかどうか心配な時は、肉の色で判断を。まずは、レシピに掲載している分数だけ加熱して、できあがりをチェック。肉が赤い場合は、30秒ごと延長して様子を見てください。ひと口大の厚みがある肉の場合は竹串を刺して、肉汁が透明なら火が通ったサインです。

肉が赤い場合は
追加熱を

できあがり！

コンテナのにおいが取れない

 塩水シェイクなら秒殺!

料理のにおいや色が移ってしまうことがある、プラスチック製のコンテナ。普段のお手入れは隅々まで洗剤の泡が届く泡状スプレー洗剤がおすすめですが、それでも落ちない時は、塩水を入れてシェイクしてみて。即、においが軽減でき、殺菌効果も期待できます。ケチャップやキムチなど、色移りが気になるメニューを作る時は、ラップを敷いてから材料を詰めましょう。

いつものお手入れは ▶▶ 泡状スプレー洗剤をひと吹き

コンテナ全体に
泡を吹きかけて

隅々まで
きれいに水洗い

気になるにおいには ▶▶ 塩水を入れてシェイク

塩小さじ½に対し、
水大さじ3を入れる

シェイクしてから
水洗い

色が移るのを防ぐには ▶▶ 最初にラップを敷いて

2枚を十字に
なるように敷いて

ラップの上から
材料を!

PART 5

しっとり仕上がり、
失敗知らず！

魚のおかず

手間がかかる魚料理も、冷凍コンテナごはんなら簡単です。
野菜から出る水分と一緒に加熱するからパサつく心配も無用
しっとりと仕上がります。魚のだしが染み込んだ添え物の
野菜もごちそう。ひっくり返す時に崩れたり、火を通しすぎる
といった失敗もないので、魚料理のハードルが下がること間違いなし！

コンテナ容量
700
mℓ

冷凍
30日
OK

加熱
600W
7分

レンジ加熱1回でふっくら柔らかく！
ひと切れだけ調理できるのもうれしい

サバの味噌煮

材料

サバ (切り身)
　…1切れ (80g)
小松菜…1株 (30g)
にんじん…¼本 (30g)
Ⓐ ┌ 水、酒、味噌、砂糖
　　 …各小さじ1
　 └ しょうが (すりおろし) …少々

準備

1 サバに塩 (分量外) を少々ふって5分ほど置き、水で洗い流したら水気を拭く

2 小松菜は3cm長さに切り、にんじんは半月切りにして入れる

3 サバの皮目に十字の切れ目を入れてコンテナに入れ、あらかじめⒶを混ぜ合わせてから回しかける。ふたをして冷凍庫へ

食べる時は

ふたを斜めにのせて、電子レンジで7分加熱する

STEP 1 材料を詰める

材料が平らになるように詰める。準備段階での加熱は一切なし！

冷凍庫で
30日保存OK

POINT!　　　　**POINT!**

塩をふって置くことにより、臭みを含んだ水分が出てくる　　レンジ加熱した時の爆発防止のために切れ目を入れて

STEP 2 冷凍する

ふたをして冷凍庫へ。冷凍することで、味が染み込んで旨みがアップ！

火を使わないから
パサつかず、
煮崩れもなし

STEP 3 レンジでチン！

食べたい時に冷凍庫から取り出して、電子レンジで加熱するだけ！

ふたを
斜めにしてから
電子レンジへ

ごはんがすすむ
甘辛ダレを
たっぷりと絡めて

コンテナ容量	冷凍	加熱
700ml	30日 OK	600W 7分

冷凍前

漬け込み冷凍なら臭みもなし！

ブリの角煮

材料

ブリ（切り身）… 1切れ（約70g）
えのきだけ… 50g
大根… 2cm（80g）

A
- 酒… 大さじ2
- しょうゆ、みりん…各大さじ1
- 砂糖…小さじ1

準備

1 ブリに塩（分量外）を少々ふって5分ほど置き、水で洗い流したら水気を拭く

2 大根は1cm角に切り、えのきだけは1cm長さに切ってコンテナに入れる

3 ブリの切り身は2cm角に切って入れる

4 Ⓐを回しかけ、ふたをして冷凍庫へ

食べる時は

ふたを斜めにのせて、電子レンジで7分加熱する

冷凍前

野菜の旨みがタラに染み込み、いつもの味がランクアップ

タラのレモン蒸し

材料

タラ（切り身）… 1切れ（100g）
キャベツ… 1枚（50g）
エリンギ… 1本（30〜40g）
レモン… 1枚（薄い輪切り）

Ⓐ
白ワイン、オリーブオイル
　…各小さじ2
レモン汁…小さじ1
塩…小さじ¼

準備

1 タラに塩（分量外）を少々ふって5分ほど置き、水で洗い流したら水気を拭く

2 キャベツは3cm角に切り、エリンギは薄くスライスして、コンテナに入れる

3 タラを**2**の上にのせ、Ⓐを回しかける

4 輪切りのレモンをのせ、ふたをして冷凍庫へ

食べる時は

ふたを斜めにのせて、電子レンジで6分加熱する

ふわり爽やかな
レモンの香り
魚が苦手な方もパクパク

コンテナ容量
700ml

冷凍
30日
OK

加熱
600W
6分

パサつきがちなメカジキも電子レンジならしっとり

メカジキの甘酢あん

材料

メカジキ (切り身) … 1切れ (180g)
にんじん…¼本 (30g)
ピーマン…1個 (40g)
片栗粉…小さじ1
Ⓐ
┌ ケチャップ、水…各大さじ1
├ しょうゆ、酢…各小さじ2
└ 砂糖…小さじ1

準備

1 メカジキに塩 (分量外) を少々ふって5分ほど置き、水で洗い流したら水気を拭く

2 にんじんは短冊切り、ピーマンは小さめの乱切りにしてコンテナに入れる

3 メカジキに片栗粉をまぶしてから、**2**の上にのせる

4 Ⓐを回しかけ、ふたをして冷凍庫へ

食べる時は

ふたを斜めにのせて、電子レンジで8分加熱する

コンテナ容量
700ml

冷凍
30日
OK

加熱
600W
8分

ケチャップ入りで
子どもにも人気

とろ〜りチーズと
野菜の旨みを
吸った鮭がマッチ

コンテナ容量	冷凍	加熱
700㎖	**30**日 OK	600W **7**分

冷凍前

冷凍時間が調理時間！ 塩こしょうだけでも深い味わいに

鮭のピザ風

材料

鮭（切り身）… 1切れ（100g）
ピーマン… 1個（40g）
赤パプリカ… 1/8個（20g）
玉ねぎ… 1/8個（25g）
オリーブオイル… 小さじ1
シュレッドチーズ… 大さじ2
塩こしょう… 少々

準備

1 鮭に塩（分量外）を少々ふって5分ほど置き、水で洗い流したら水気を拭く

2 ピーマンとパプリカは細切りに、玉ねぎは薄切りにしてコンテナに入れる

3 **2**の上に鮭をのせ、オリーブオイルを回しかけて塩こしょうをふる

4 シュレッドチーズを全体に散らし、ふたをして冷凍庫へ

食べる時は

ふたを斜めにのせて、電子レンジで7分加熱する

煮崩れしやすいカレイも失敗なし!

カレイの煮つけ

材料

カレイ (切り身) … 1切れ (100g)
しめじ … 30g
ピーマン … 1個 (40g)

Ⓐ
水 … 50㎖
しょうゆ、酒、みりん
…各大さじ1
砂糖 … 小さじ2
しょうが (すりおろし) … 少々

タラや金目鯛で
作るのもおすすめ

準備

1 カレイに塩 (分量外) を少々ふって5分ほど置き、水で洗い流したら水気を拭く

2 しめじは小房に分け、ピーマンは小さめの乱切りにして、コンテナに入れる

3 カレイの皮目に十字の切れ目を入れ、**2**の上にのせる

4 Ⓐを混ぜ合わせてから回しかけ、ふたをして冷凍庫へ

食べる時は

ふたを斜めにのせて、電子レンジで7分加熱する

コンテナ容量
700㎖

冷凍
30日
OK

加熱
600W
7分

PART 6

家にある
調味料だけで
味つけ！

麺

気軽に手に入る中華蒸し麺と、家にある調味料で作ったスープは
ほっこりと落ち着く味わい。野菜も肉も一度にとれるから、
子どもの補食や夜食にも便利です。
コンビニやレトルトでも気軽に食べられる麺料理ですが、
冷凍コンテナごはんならやさしい味で罪悪感もありません。

何度も試作を重ねてたどり着いたつるもち感
おうちの調味料で作るおかわり必至の味！

おうちのラーメン

コンテナ容量
1100
ml

冷凍
30日
OK

加熱
600W
10分

材料

中華蒸し麺… 1玉
チャーシュー… 2枚 (30g)
もやし… 30g
ほうれん草… 1株 (30g)

A
水… 300ml
麺つゆ (3倍濃縮)… 大さじ1
鶏がらスープの素 (顆粒)、ごま油
… 各小さじ1
しょうゆ… 小さじ½
塩、にんにく (すりおろし)… 各少々

準備

1 **A**をコンテナに入れて混ぜ合わせる。ほうれん草を3cm長さに切る

2 もやし、ほうれん草、チャーシューの順に入れる

3 中華蒸し麺を1番上にのせ、ふたをして冷凍庫へ

食べる時は

ふたを斜めにのせて、電子レンジで10分加熱する。すばやく麺をスープと絡める

STEP 1 材料を詰める

材料が平らになるように詰める。準備段階での加熱は一切なし！

POINT!

中華蒸し麺を一番上に置くと、レンジ加熱の際、スープに浸かりすぎず蒸気で温められるから、つるもち感のある仕上がりに

コンテナに入れる順番がポイント！

冷凍庫で30日保存OK

STEP 2 冷凍する

ふたをして冷凍庫へ。冷凍漬け込み時間中に、味が染み込んで旨みがアップ！

STEP 3 レンジでチン！

食べたい時に冷凍庫から取り出して、電子レンジで加熱するだけ！

箸で麺をほぐしスープになじませて

ふたを斜めにしてから電子レンジへ

牛肉の旨みと
白菜の甘みを
レモンが引き締める

コンテナ容量	冷凍	加熱
700㎖	**30**日 OK	600W **8**分

冷凍前 しっかり味なのに油控えめでさっぱりヘルシー

牛肉と白菜の塩レモンそば

材料

中華蒸し麺…1玉
牛切り落とし肉…50g
白菜…1枚（100g）
レモン…1枚（薄い輪切り）

Ⓐ ┌ 水…小さじ2
　│ 鶏がらスープの素（顆粒）、
　│ 　ごま油…各小さじ1
　│ 塩…小さじ1/3
　└ レモン汁…大さじ1

準備

1 中華蒸し麺をコンテナに入れて、Ⓐを回し入れる
2 白菜を1㎝長さに切り、牛肉を入れる
3 レモンの薄切りをのせて、ふたをして冷凍庫へ

食べる時は

ふたを斜めにのせて電子レンジで8分加熱する。すばやく麺を具材と絡める

やさしい味のスープに野菜の旨みが凝縮

野菜たっぷりタンメン

材料

中華蒸し麺…1玉
ハム…2枚(20g)
もやし…30g
にんじん…¼本(30g)
キャベツ…½枚(25g)

A
水…300㎖
鶏がらスープの素、酒、ごま油
　…各小さじ1
塩…小さじ¼

準備

1 Aをコンテナに入れて混ぜる
2 にんじんは細切りに、キャベツとハムは1cm
　幅に切る
3 にんじん、もやし、キャベツ、ハムの順に入
　れる
4 中華蒸し麺を1番上にのせ、ふたをして冷凍
　庫へ

食べる時は

ふたを斜めにのせて、電子レンジで10分加熱する。
すばやく麺を具材と絡める

野菜のシャキシャキ
食感もごちそう

コンテナ容量
1100
㎖

冷凍
30日
OK

加熱
600W
10分

ごまドレや麺つゆで簡単に本格的な味わいに

ごまだれ豚肉麺

材料

中華蒸し麺… 1 玉
豚こま切れ肉… 100g
青ねぎ… 2 本 (20g)
しめじ… 30g

A
┌ ごまドレッシング… 大さじ 3
│ 水… 小さじ 2
│ 麺つゆ (3倍濃縮)、ごま油
│   …各小さじ 1
│ 味噌… 小さじ 1/2
└ にんにく (すりおろし)… 少々

準備

1 中華蒸し麺をコンテナに入れ、Aを混ぜ合わせてから回しかける
2 しめじは小房に分け、青ねぎは小口切りにして入れる
3 豚こま切れ肉をのせる
4 ふたをして冷凍庫へ

食べる時は

ふたを斜めにのせて、電子レンジで8分加熱する。すばやく麺を具材と絡める

コンテナ容量
700 ml

冷凍
30 日
OK

加熱
600W
8 分

にんにくが隠し味!
食べ応え抜群

食欲がない日にも
スルスルいける！

コンテナ容量	冷凍	加熱600W
700ml	**30**日OK	**7**分

冷凍前

ベーコンとにんにくの旨みを爽やかなポン酢でさっぱりと

ポン酢 de さっぱり麺

材料

中華蒸し麺… 1玉
ベーコン… 2枚 (30g)
キャベツ… ½枚 (25g)
にんじん… ¼本 (30g)

A
ポン酢しょうゆ…大さじ2
水…小さじ2
鶏がらスープの素 (顆粒)、
　ごま油…各小さじ1
塩こしょう、にんにく (すりおろし)、
　…各少々

準備

1 中華蒸し麺をコンテナに入れて、**A**を回しかける

2 にんじんは千切り、キャベツは3cm角に切って入れる

3 ベーコンを2cm幅に切って入れ、ふたをして冷凍庫へ

食べる時は

ふたを斜めにのせて、電子レンジで7分加熱する。すばやく麺を具材と絡める

オイスターソースで
コクをプラス

コンテナ容量	冷凍	加熱
700ml	14日OK	600W 8分

冷凍前

下味冷凍で肉が柔らかく、味わい深く

汁なしマーボー麺

材料

中華蒸し麺…1玉
豚ひき肉…50g
長ねぎ…10㎝（20g）
なす…1本（70g）

A
しょうゆ…大さじ1
水…小さじ2
オイスターソース、ごま油、
　片栗粉…各小さじ1
砂糖、鶏がらスープの素（顆粒）
　…各小さじ½

準備

1 中華蒸し麺をコンテナに入れて、ごま油と水をかける
2 長ねぎはみじん切り、なすは半月切りにして入れる
3 豚ひき肉と **A** を混ぜ合わせてからのせ、ふたをして冷凍庫へ

食べる時は

ふたを斜めにのせて、電子レンジで8分加熱する。すばやく麺と具材を絡める

POINT!

調味料をひき肉にあらかじめ混ぜ合わせると、冷凍中に味が染み込み、柔らかく仕上がる

冷凍前

カレー粉とソースだけの簡単味つけだから、パパッと作れる

カレーソース混ぜそば

材料

中華蒸し麺… 1玉
豚こま切れ肉… 30g
にんじん… ¼本 (30g)
長ねぎ… 20㎝ (40g)
　┌ ウスターソース… 大さじ2
Ⓐ │ 水、カレー粉… 各小さじ2
　└ サラダ油… 小さじ1

準備

1 中華蒸し麺をコンテナに入れて、Ⓐを回しかける
2 にんじんは千切り、長ねぎは斜め薄切りにして入れる
3 豚肉を入れ、ふたをして冷凍庫へ

食べる時は

ふたを斜めにのせて、電子レンジで7分加熱する。すばやく麺を具材と絡める

コンテナ容量 **700㎖**　冷凍 **30日** OK　加熱 600W **7分**

香ばしくもまろやか！
レンジ加熱ならではの
やさしい味わい

幼児に！シニアの方に！
便利な480㎖サイズメニュー

「あったら便利！」という声にお応えして、パパッと作れる
幼児食とシニア向けごはんをご紹介！ 容量少なめのコンテナを利用して、
余りがちな食材で無理なく作れるメニューばかりです。

やさしい子ども好みの味
幼児用ごはん

最小限の調味料で
作ったやさしい味

コンテナ容量	冷凍	加熱600W
480 ㎖	**14**日 OK	**6**分

冷凍前

手づかみでも食べやすいサイコロサイズに
鶏団子とコロコロ野菜の煮物

材料

鶏ひき肉…50g
大根…1㎝（40g）
にんじん…¼本（30g）
いんげん…1本（10g）

- A
  - 水…100㎖
  - 洋風スープの素（顆粒）…小さじ½

- B
  - 酒、片栗粉…各小さじ1
  - 塩…少々

準備

1 大根とにんじんは1㎝角、いんげんは1㎝長さに切ってコンテナに入れる
2 Aを回しかける
3 鶏ひき肉をBと混ぜ合わせ、粘り気が出るまで練る。小さく丸めてコンテナに入れる。ふたをして冷凍庫へ

食べる時は

ふたを斜めにのせて、電子レンジで6分加熱する

冷凍前

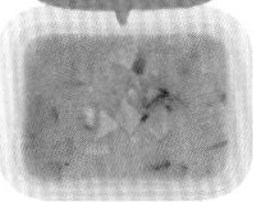

準備は卵と野菜を混ぜるだけ！

カラフル玉子焼き

材料

卵（M）… 1個
ハム… 1枚（10g）
枝豆（冷凍）… 10g
ホールコーン（缶詰）… 10g
Ⓐ 水…大さじ2
Ⓐ 和風だしの素（顆粒）…小さじ½

準備

1. 卵をコンテナに割り入れて溶きほぐし、Ⓐを入れて混ぜ合わせる
2. 枝豆、コーン、ハムを1㎝角に切って入れる。ふたをして冷凍庫へ

食べる時は

ふたを斜めにのせて、電子レンジで2分30秒加熱する

蒸すように
加熱するから
ふんわり

コンテナ容量 480㎖ ／ 冷凍 30日 OK ／ 加熱 600W 2分30秒

冷凍前

マヨネーズでしっとり仕上がる

メカジキのチーズ焼き

材料

メカジキ（切り身）… 1切れ（180g）
キャベツ… ½枚（25g）
スライスチーズ… 1枚
マヨネーズ…大さじ1

準備

1. メカジキに塩（分量外）を少々ふって5分ほど置き、水で洗い流したら水気を拭く
2. キャベツは1㎝幅に切ってコンテナに入れる
3. メカジキはマヨネーズを塗り、縦に4等分に切って入れる
4. スライスチーズを4等分にしてのせ、ふたをして冷凍庫へ

食べる時は

ふたを斜めにのせて、電子レンジで5分加熱する

キャベツも
シャキッと甘い！

おいしー

コンテナ容量 480㎖ ／ 冷凍 30日 OK ／ 加熱 600W 5分

茎や葉も
一緒に加熱すれば
彩りも美しく

コンテナ容量	冷凍	加熱
480㎖	**30**日 OK	600W **7**分

冷凍前

鶏の旨みが染み出たスープまでしみじみ美味しい
鶏肉とかぶのコトコト煮

材料

鶏もも肉… 100g
かぶ… 1個 (80g)
Ⓐ ┌ 水… 100㎖
│ 酒、みりん…各大さじ1
└ しょうゆ、片栗粉…各小さじ1

準備

1 かぶは薄切りに、かぶの茎と葉は2㎝長さに切って入れる
2 鶏肉はひと口大に切って入れる
3 Ⓐを混ぜ合わせてから回しかけ、ふたをして冷凍庫へ

食べる時は

ふたを斜めにのせて、電子レンジで7分加熱する

96

厚揚げから、だしがじゅわーっとあふれる

厚揚げときのこの煮浸し

材料

厚揚げ（小）… 1枚（150g）
しめじ… 20g

Ⓐ
┌ 水… 100ml
│ しょうゆ…大さじ1
│ みりん、砂糖、和風だしの素（顆粒）
└ …各小さじ1

準備

1 厚揚げは1cm幅に切る。しめじは小房に分けて入れる

2 Ⓐを回しかけ、ふたをして冷凍庫へ

食べる時は

ふたを斜めにのせて、電子レンジで5分加熱する

**サブおかずの
調理が5分で終了**

コンテナ容量
480 ㎖

冷凍
30日
OK

加熱
600W
5分

味噌がタラの
旨みを閉じ込める

コンテナ容量	冷凍	加熱
480ml	30日 OK	600W 6分

冷凍前

レンジ調理&冷凍漬け込みの合わせワザで臭みなし

タラの田楽味噌焼き

材料

タラ（切り身）… 1切れ（100g）
なす… 1本（70g）
Ⓐ みりん、味噌
　 …各小さじ1
白いりごま…小さじ¼

準備

1. タラに塩（分量外）を少々ふって5分ほど置き、水で洗い流したら水気を拭く
2. なすは縦に薄切りにし、塩水につけてあく抜きをする
3. 水気を切ったなすと半分に切ったタラを入れる
4. Ⓐを混ぜ合わせてからタラの上に広げ、白いりごまをふる。ふたをして冷凍庫へ

食べる時は

ふたを斜めにのせて、電子レンジで6分加熱する

PART 7

素材の旨みが
ごはんに
染み込みふっくら！

ごはんもの

炊き込み風ごはんやピラフに加え、
今回は丼メニューが新レシピで登場！
加熱1回で、ごはんも上の具も同時にできあがり。
野菜から出た水分や調味料が染み込み、
さらにふっくら味わい深くなったごはんは何よりのごちそうです！

コンテナ容量 **700**㎖

冷凍 **30**日 OK

加熱 600W **7**分

バターの香りも食欲を後押し！ きのこと
鮭の旨みがギュッと詰まったあったかごはん

鮭ときのこの和洋ごはん

材料

冷やごはん… 150g
鮭 (サーモン刺身用) … 70g
しめじ… 20g
えのきだけ… 20g
バター… 8〜10g

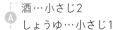 酒…小さじ2
しょうゆ…小さじ1

準備

1 冷やごはんを平たくしてコンテナに入れ、**A**を回し
かける

2 しめじは小房に分けて、えのきだけは1㎝長さに、
鮭は1㎝角に切って入れる

3 最後にバターをのせ、ふたをして冷凍庫へ

食べる時は

ふたを斜めにのせて電子レンジで7分加熱後、混ぜ
る

STEP **1** 材料を詰める

材料が平らになるように詰める。
準備段階での加熱は一切なし！

最後に鮭を入れると
旨みが全体に
行きわたる

冷凍庫で
30日保存OK

STEP **2** 冷凍する

ふたをして冷凍庫へ。冷凍漬け込み時間中に、
味が染み込んで旨みがアップ！

STEP **3** レンジで
チン！

食べたい時に冷凍庫から取
り出して、電子レンジで加
熱するだけ！

混ぜると下から
ほんのりおこげが！

ふたを斜めにしてから
電子レンジへ

つぶして具材と混ぜれば、白ごはんがお好み焼きに変身!

ごはんdeお好み焼き

材料

豚バラ薄切り肉… 30g

冷やごはん… 150g

キャベツ…½枚(25g)

A
紅しょうが… 10 g
卵(M)… 1個
シュレッドチーズ… 大さじ1
和風だしの素(顆粒)… 小さじ1

B
ケチャップ、中濃ソース
…各大さじ1
はちみつ… 小さじ2
しょうゆ… 小さじ½

準備

1 コンテナに冷やごはんを入れ、フォークの背でつぶす

2 千切りにしたキャベツと**A**を入れ、**1**のごはんと混ぜ合わせ、表面を平らにする

3 **B**を混ぜ合わせてから回しかける。豚肉を4cm幅に切ってのせ、ふたをして冷凍庫へ

食べる時は

ふたを斜めにのせて、電子レンジで6分加熱する

POINT!

フォークの背でごはんをほぐすようにして軽くつぶすと、具材や調味料と混ぜやすい

コンテナ容量	冷凍	加熱 600W
700 ㎖	30日 OK	6分

もちっと香ばしい新食感!

具だくさんで大満足
香ばしい
バターしょう油味!

コンテナ容量
700
㎖

冷凍
30日
OK

加熱
600W
7分

TVで
登場

冷凍前

ろこ流ならレンジ加熱でもごはんがバラりとほぐれる

バターしょうゆピラフ

材料

冷やごはん…150g
ソーセージ…2本
玉ねぎ…⅛個(25g)
ピーマン…½個(20g)
しいたけ…1個
　　しょうゆ…小さじ2 A
A 洋風スープの素(顆粒)…小さじ1
バター…8〜10g

準備

1 冷やごはんを平たくしてコンテナに入れ、Ａを回しかける

2 玉ねぎ、ピーマン、しいたけをみじん切り、ソーセージを薄い輪切りにしてのせる

3 最後にバターをのせ、ふたをして冷凍庫へ

食べる時は

ふたを斜めにのせて電子レンジで7分加熱後、混ぜる

冷凍前

旨みの強い納豆とツナのコンビがクセになる！

納豆とツナの混ぜごはん

材料

冷やごはん… 150g
長ねぎ… 10㎝（20g）
納豆… 1パック
ツナ（缶詰）… 1缶（70g）

Ⓐ
しょうゆ、和風だしの素（顆粒）
…各小さじ1
酒、みりん…各小さじ½
塩…少々

準備

1 冷やごはんを平たくしてコンテナに入れる
2 みじん切りにした長ねぎ、缶汁を切ったツナ缶、納豆、Ⓐを混ぜ合わせる
3 **2**をコンテナに入れ平らにして、ふたをして冷凍庫へ

食べる時は

ふたを斜めにのせて電子レンジで7分加熱後、混ぜる

コンテナ容量
700
mℓ

冷凍
30日
OK

加熱
600W
7分

常備品で
パパッと作れる！

しっかり下味のついた
お肉が
ごはんをまとめる

コンテナ容量
700
mℓ

冷凍
30日
OK

加熱
600W
8分

冷凍前

とろみのついたソースがごはんにほどよく絡む

豚と白菜の
中華風混ぜごはん

材料

冷やごはん… 150g
豚こま切れ肉… 30g
白菜… ½枚 (50g)
にんじん… ¼本 (30g)

Ⓐ
　水… 大さじ1
　しょうゆ、酒、鶏がらスープの素 (顆粒)、
　　片栗粉…各小さじ1
　塩こしょう、しょうが (すりおろし)
　　…各少々

準備

1 冷やごはんを平たくしてコンテナに入れる

2 白菜は1cm長さに切り、にんじんは短冊切りにして入れる

3 豚肉とⒶを混ぜ合わせて入れ、ふたをして冷凍庫へ

食べる時は

ふたを斜めにのせて電子レンジで8分加熱後、混ぜる

玉ねぎも
冷凍効果で
甘みアップ

コンテナ容量	冷凍	加熱
700㎖	**30**日 OK	**600W** **8**分

冷凍前

鶏肉に片栗粉をまぶしているので、ふわっとジューシーに

甘辛だれの鶏肉丼

材料

冷やごはん… 150g
鶏もも肉… 100g
玉ねぎ… 1/4個 (50g)
片栗粉… 小さじ1

Ⓐ
水、麺つゆ (3倍濃縮) … 各大さじ1
砂糖… 小さじ1
しょうが (すりおろし) … 少々

準備

1 冷やごはんを平たくしてコンテナに入れる
2 玉ねぎを薄切りにして入れる
3 鶏肉に片栗粉をまぶし、Ⓐと混ぜ合わせて入れ、ふたをして冷凍庫へ

食べる時は

ふたを斜めにのせて電子レンジで8分加熱後、上
の具だけ混ぜる

お肉の脂と味噌が美味しさの足し算に！

なすと豚バラの味噌だれ丼

材料

冷やごはん… 150g
豚バラ薄切り肉… 50g
玉ねぎ… ¼個 (25g)
なす… 1本 (70g)
Ⓐ
┌ 酒、みりん、味噌…各小さじ1
│ 砂糖、しょうゆ…各小さじ½
└ しょうが (すりおろし)…少々

準備

1 なすは細切りにして塩水にさらし、アク抜きをする
2 冷やごはんを平たくしてコンテナに入れる
3 玉ねぎは薄切りに、なすは水気を切って入れる
4 豚バラ肉とⒶと混ぜ合わせてからのせ、ふたをして冷凍庫へ

食べる時は

ふたを斜めにのせて電子レンジで8分加熱後、上の具だけ混ぜる

とろ〜りなすに
味噌と豚の旨みが
しみしみ

コンテナ容量
700 ml

冷凍
30日
OK

加熱
600W
8分

包丁いらず！ 簡単すぎるのに箸が止まらない！

豚キムチのっけごはん

材料

冷やごはん… 150g
豚こま切れ肉… 50g
白菜キムチ… 100g

A しょうゆ、酒、みりん、片栗粉
…各小さじ1
ごま油…小さじ½

準備

1 冷やごはんを平たくしてコンテナに入れる
2 白菜キムチと豚肉、**A**を混ぜ合わせてからのせ、ふたをして冷凍庫へ

食べる時は

ふたを斜めにのせて電子レンジで8分加熱後、上の具だけ混ぜる

レンチンならではの
マイルドな辛み

コンテナ容量
700
ml

冷凍
30日
OK

加熱
600W
8分

PART 8

軽食やおやつ代わりに
作り置きすると便利！

パン＆
スイーツ

スーパーで売られている普通の食パンを冷凍コンテナごはんに
変身させると、笑顔がこぼれるくらい、とにかく"ふわっふわ"に。
トーストとは異なる新しい美味しさにハマる人続出の大人気メニューです。
一年中手に入りやすい食材で作るデザートメニューと一緒に味わって！

レンチンならではのふわとろ食感が幸せ
食パンが余った時に作っておくと大活躍

ピザトースト

コンテナ容量
700ml

冷凍
30日
OK

加熱
600W
1分**30**秒

材料

食パン（6枚切り）…1枚
ハム…2枚
スライスチーズ…1枚
ピーマン…4枚（薄い輪切り）

A
ケチャップ…大さじ1
砂糖…小さじ½
しょうゆ・オリーブオイル
　　…各小さじ⅓
にんにく（すりおろし）…少々

準備

1 食パンの表面全体をフォークで刺し、Aを混ぜ合わせて全体に塗る。

2 1の食パンをコンテナに入れ、4等分に切ったハム、スライスチーズ、ピーマンの順にのせ、ふたをして冷凍庫へ

食べる時は

ふたを斜めにのせて、電子レンジで1分30秒
加熱する

STEP 1 材料を詰める

材料が平らになるように詰める。準備段階での加熱は一切なし！

POINT!

食パンにフォークで穴を開けると、ソースが染み込みやすくなる。加熱時には蒸気の逃げ道となるため、ふんわりと仕上がる

手作りピザソースをまんべんなく塗る

冷凍庫で30日保存OK

STEP 2 冷凍する

ふたをして冷凍庫へ

1分30秒でできるから寝坊した朝も安心

STEP 3 レンジでチン！

食べたい時に冷凍庫から取り出して、電子レンジで加熱するだけ！

ふたを斜めにしてから電子レンジへ

4等分すれば
カナッペ風にも

コンテナ容量
700mℓ

冷凍
30日
OK

加熱
600W
1分30秒

冷凍前

レンチンならではのふっくらしらすをマヨチーズで

しらす大葉トースト

材料

食パン（6枚切り）… 1枚
しらす… 大さじ2
大葉… 2枚
スライスチーズ… 1枚
マヨネーズ… 小さじ1

準備

1 食パンの表面全体をフォークで刺し、マヨネーズを塗り、スライスチーズをのせてコンテナに入れる

2 1の食パンに細切りにした大葉、しらすをのせ、ふたをして冷凍庫へ

食べる時は

ふたを斜めにのせて、電子レンジで1分30秒加熱する

112

冷凍前

手軽に奥深い味わいに！　おかず感覚でどうぞ

コンキャベトースト

材料

食パン（6枚切り）… 1枚
コンビーフ（缶詰）… ½缶（40g）
キャベツ… ½枚（25g）
スライスチーズ… 1枚
マヨネーズ… 大さじ1

準備

1 食パンの表面全体をフォークで刺し、マヨネーズを塗り、スライスチーズをのせる

2 コンビーフ、千切りにしたキャベツ、マヨネーズを混ぜてから食パン全体に広げ、コンテナに入れる。ふたをして冷凍庫へ

POINT!

具材は熱が均一に通るよう平らに広げて

食べる時は

ふたを斜めにのせて、電子レンジで1分30秒加熱する

コンテナ容量
700 ml

冷凍
30 日
OK

加熱
600W
1 分 **30** 秒

コンビーフ×マヨの
極上コンビが
やみつき

冷凍前

市販のホワイトソースを使用してお手軽に！

簡単クロックムッシュ

材料

食パン（6枚切り）… 1枚
ハム… 2枚（20g）
スライスチーズ… 1枚
ホワイトソース（缶詰）… 大さじ2

準備

1 食パンの表面全体をフォークで刺し、ホワイトソースを全体に広げてコンテナに入れる

2 4等分に切ったハム、スライスチーズをのせ、ふたをして冷凍庫へ

食べる時は

ふたを斜めにのせて、電子レンジで1分30秒加熱する

コンテナ容量
700
mℓ

冷凍
30日
OK

加熱
600W
1分30秒

手軽にできて
ボリューム満点

チーズと
メープルシロップで
コクをプラス

コンテナ容量	冷凍	加熱
700ml	**30**日 OK	600W **40**秒

冷凍前

オシャレなカフェ風！ チョコの溶け具合はお好みで調整を

チョコチーズパン

材料

食パン（6枚切り）… 1枚
スライスチーズ… 1枚
板チョコレート（ビター）… 25ｇ
メープルシロップ… 小さじ1

準備

1 食パンの表面全体をフォークで刺し、スライスチーズ、チョコレートをのせてコンテナに入れる

2 メープルシロップをかけたら、ふたをして冷凍庫へ

食べる時は

ふたを斜めにのせて、電子レンジで40秒加熱する。
お好みで追いメープルシロップをかける

メロンパンを
食パンで再現！

コンテナ容量	冷凍	加熱
700mℓ	**30**日 OK	600W **1**分**30**秒

冷凍前

しっとりとあま〜いクッキー生地がたまらない

メロンパン風トースト

材料

食パン（6枚切り）… 1枚

Ⓐ
- バター… 8〜10g
- 小麦粉…大さじ2
- 砂糖…大さじ1
- 牛乳…小さじ2

グラニュー糖…お好みで

準備

1 バターを常温に戻し、柔らかくする

2 食パンの表面全体をフォークで刺し、Ⓐを混ぜ合わせて塗る

3 食パンをコンテナに入れ、ふたをして冷凍庫へ

POINT!

小麦粉がダマにならないよう、しっかり混ぜる

食べる時は

ふたを斜めにのせて、電子レンジで1分30秒加熱する。
お好みでグラニュー糖をふる

レンジ加熱なら煮込む手間もなく3分でできあがり！

りんごの
ホットコンポート

材料

りんご…½個

Ⓐ 砂糖・水…各大さじ1
　 レモン汁…小さじ1

シナモン…お好みで

準備

1 りんごは芯を取り除き、薄いくし切りにして
コンテナに入れる

2 Ⓐを回しかけ、ふたをして冷凍庫へ

食べる時は

ふたを斜めにのせて電子レンジで3分加熱する。
お好みでシナモンをふる

コンテナ容量
700
㎖

冷凍
30日
OK

加熱
600W
3分

冷凍すると
さらに甘みがアップ！

ジャムを使った一年中作れる簡単デザート！

いちごの
ヨーグルトチーズアイス

材料

ヨーグルト（無糖）… 200g
クリームチーズ… 30g
いちごジャム… 大さじ3
はちみつ… 大さじ1

準備

1 クリームチーズをちぎりながらコンテナに入れて、無糖ヨーグルトと混ぜる
2 イチゴジャムとはちみつを加えてさらに混ぜ、表面を平らに広げる。ふたをして冷凍庫へ

食べる時は

ふたを斜めにのせて電子レンジで1分加熱後、混ぜる

コンテナ容量
700 ㎖

冷凍
30日
OK

加熱
600W
1分

甘さ控えめの
やさしい味

材料2つだけ！ あったかバナナがトロン

ハニーバナナ

材料

バナナ … 1本 (100g)
はちみつ … 大さじ1
ナッツ … お好みで

準備

1 バナナは5mm幅の輪切りにしてコンテナに入れる
2 はちみつをかけて、ふたをして冷凍庫へ

食べる時は

ふたを斜めにのせて、電子レンジで1分加熱する。お好みでナッツをふる

コンテナ容量	冷凍	加熱600W
700ml	**30**日 OK	**1**分

幼児のおやつにもおすすめ

たった30秒で幸せおやつ

マシュマロとチョコのふわとろ食感が絶妙

スモア

材料

クラッカー … 8枚 (24g)
板チョコレート (ビター) … 3かけ (12g)
マシュマロ … 4個 (20g)

準備

1 クラッカー4枚をコンテナに並べる
2 その上にマシュマロを1つずつ横半分に切ってのせ、チョコレートをひとかけらずつのせる
3 ふたをするようにクラッカーをそれぞれのせ、ふたをして冷凍庫へ

食べる時は

ふたを斜めにのせて、電子レンジで30秒加熱する

コンテナ容量	冷凍	加熱600W
700ml	**30**日 OK	**30**秒

119

「冷凍コンテナごはん」加熱時間一覧表

p14 おでん 600W 9分	p16 たっぷり野菜の アマトリチャーナ 600W 12分	p18 ポークスペアリブ 600W 10分
p19 ブリの照り焼き 600W 8分	p20 担々麺 600W 10分	p21 チーズリゾット 600W 8分
p22 フレンチトースト 600W 3分	p34 つゆだく チーズタッカルビ 600W 10分	p36 ふわふわ鶏団子鍋 600W 9分
p38 水炊き 600W 10分	p39 イタリアン風トマト鍋 600W 9分	p40 白身魚の中華風鍋 600W 9分
p42 鶏の レモンクリームパスタ 600W 12分	p44 野菜畑の ショートパスタ 600W 12分	p46 タコのガリシア風 ショートパスタ 600W 12分
p47 イカの塩辛の クリームチーズパスタ 600W 12分	p48 カレーチャウダー パスタ 600W 12分	p49 鶏ささみのあっさり ショートパスタ 600W 12分

キリトリ線

電子レンジの近くに貼っておくと便利！ ひと目で加熱時間が分かる一覧表をご用意。
500Wをご使用の方は1.2倍、700Wは0.85倍を目安に加熱時間を加減ください。

p50 ハムとほうれん草の オイルパスタ 600W 12分	p51 ホタテときのこの 和風味噌パスタ 600W 12分	p53 野菜もとれる 焼き鳥セット 600W 9分
p54 豚肉のチーズ巻き 600W 8分	p55 鮭の味噌焼き 600W 7分	p56 豚の照り焼き丼 600W 8分
p57 焼きちゃんぽん 600W 6分	p58 鶏と野菜のピリ辛炒め 600W 8分	p59 マカロニグラタン 600W 9分
p62 豚こまで作る ジューシー酢豚 600W 8分	p64 ロールレタス 600W 8分	p66 ポークピカタ 600W 6分
p67 ミートボール 600W 7分	p68 豚肉の梅中華ソース 600W 7分	p69 BBQチキン 600W 9分
p70 鶏のポン酢煮 600W 8分	p71 鶏の南蛮だれ 600W 9分	p72 牛肉とレンコンの 照りだれ蒸し 600W 7分

キリトリ線

p73 牛肉とアスパラの味噌炒め	p78 サバの味噌煮	p80 ブリの角煮
600W 7分	600W 7分	600W 7分
p81 タラのレモン蒸し	p82 メカジキの甘酢あん	p83 鮭のピザ風
600W 6分	600W 8分	600W 7分
p84 カレイの煮つけ	p86 おうちのラーメン	p88 牛肉と白菜の塩レモンそば
600W 7分	600W 10分	600W 8分
p89 野菜たっぷりタンメン	p90 ごまだれ豚肉麺	p91 ポン酢 de さっぱり麺
600W 10分	600W 8分	600W 7分
p92 汁なしマーボー麺	p93 カレーソース混ぜそば	p94 鶏団子とコロコロ野菜の煮物
600W 8分	600W 7分	600W 6分
p95 カラフル玉子焼き	p95 メカジキのチーズ焼き	p96 鶏肉とかぶのコトコト煮
600W 2分30秒	600W 5分	600W 7分
p97 厚揚げときのこの煮浸し	p98 タラの田楽味噌焼き	p100 鮭ときのこの和洋ごはん
600W 5分	600W 6分	600W 7分

キリトリ線

おいし〜

電子レンジ W (ワット) 数別の加熱時間表

メニュー別加熱時間一覧表と一緒に貼っておきたい、
電子レンジ W (ワット) 数別の加熱時間表です。
セットで使うと、パッとひと目で加熱時間が分かります!

600W (本書使用)	500W	700W
30秒	40秒	30秒
40秒	50秒	30秒
1分	1分10秒	50秒
1分30秒	1分50秒	1分20秒
2分30秒	3分	2分10秒
3分	3分40秒	2分30秒
5分	6分	4分20秒
6分	7分10秒	5分10秒
7分	8分20秒	6分
8分	9分40秒	6分50秒
9分	10分50秒	7分40秒
10分	12分	8分30秒
11分	13分10秒	9分20秒
12分	14分20秒	10分10秒

メニュー別
加熱時間表と
一緒に貼ってね

INDEX

127

NENE&TOTO

ろこ

時短料理研究家
フードコーディネーター・野菜ソムリエ。
2021年春まで大手家事代行サービスに登録し、訪問調理の仕事に携わる。その味付けや食材使い切りアイデアに多くのファンがつき、オファーの絶えない出張料理家となる。現在も個人で訪問調理の仕事を続けながら、時短料理研究家としてテレビや雑誌で活躍中。自身のインスタグラムでは日々のお弁当や料理、愛猫の様子を投稿している。著書に『3STEP 冷凍コンテナごはん』(徳間書店)、『簡単！冷凍おかずパック』(扶桑社) がある。

企画・編集 ──────── 神島由布子
装丁・本文デザイン ── 蓮尾真沙子 (tri)
写真 ─────────── 合田和弘
スタイリスト ──────── シダテルミ
イラスト ───────── 伊藤美樹
DTP ──────────── 鈴木俊行 (ラッシュ)
撮影協力 ───────── UTUWA

instagram
@roco1230

ROCO1230

大人気！時短料理研究家・ろこさんの

詰めて、冷凍して、チンするだけ！
3STEP
冷凍コンテナごはん おかわり

2021年10月31日　初版第1刷発行

著者　　　ろこ

発行者　　小宮英行

発行所　　株式会社 徳間書店
　　　　　〒141-8202
　　　　　東京都品川区上大崎3-1-1
　　　　　目黒セントラルスクエア
　　　　　電　話 編集 03-5403-4350／販売 049-293-5521
　　　　　振　替 00140-0-44392

印刷・製本　図書印刷株式会社

©2021　Roco,Printed in Japan
乱丁、落丁はお取替えいたします。
ISBN978-4-19-865371-2
※本書の無断複写は著作権法上での例外を除き禁じられています。
　購入者および第三者による本書のいかなる電子複製も一切認められておりません。